DAS

IRA KÖNIG MAIKE JESSEN

REISEMOBIL KOCHBUCH

50 REZEPTE FÜR UNTERWEGS

DELIUS KLASING VERLAG

Inhalt

Wir sind dann mal weg …

Auf den eigenen vier Rädern ganz entspannt im eigenen Tempo durch die Welt zu reisen und Neues zu entdecken, ist ein pures Glücksgefühl. Jeden Tag gemeinsam neu zu entscheiden, wohin es geht oder sich einfach treiben lassen – das ist Urlaub pur! Man ist autonom und muss sich nicht nach vorgegebenen Öffnungszeiten und Reservierungen richten. Damit das gemeinsame Essen und die Zubereitung ebenso entspannt und wohltuend sind, kommen hier 50 schnelle Rezepte, die euch durch den Urlaubstag begleiten wollen – vom Frühstück über Snacks und Selbstgebackenes bis hin zu sättigenden Hauptgerichten und neuen Ideen für das abendliche Grillen.

Alle Rezepte sind speziell für eine kleine Camperküche entwickelt. So wird nur mit zwei Flammen gekocht, und Brötchen und Kuchen werden in der Pfanne gebacken. Wenn ihr keinen Grill dabeihabt, lassen sich die Grillrezepte auch ganz einfach in einer Pfanne zubereiten.

Vegane Pancakes, Shakshuka oder ein selbstgemachtes Knuspermüsli ermöglichen den perfekten Start in den Urlaubstag. Auch für Ausflüge soll unterwegs natürlich etwas Leckeres auf der Picknickdecke stehen: Für den kleinen Hunger am Strand oder als Proviant für eine Fahrradtour oder Wanderung gibt es zum Beispiel gefüllte Brote und saftige Spinat-Patties aus der Pfanne, während süße Kleinigkeiten wie ein Mini-Cheesecake sich für den wohlverdienten Kaffee am Nachmittag eignen. Außerdem wartet eine große Auswahl an warmen Gerichten für Topf, Pfanne und Grill mit und ohne Fleisch auf euch.

DEFENDER
HH DK 246

Berger

Für längere Trips gibt es direkt zu Beginn eine praktische Vorratsliste mit der optimalen Grundausrüstung für den Camper. Mit der perfekten Basisausstattung ist das Einkaufen besonders fix erledigt, denn pro Rezept braucht ihr mit den bereits vorhandenen Gewürzen und Grundzutaten nur noch maximal fünf Zutaten einzukaufen. Da bleibt die Urlaubslaune gut!

Tipps rund ums Kochen im Camper und Ideen, wie man Übriggebliebenes lecker weiterverwerten kann, helfen beim Kochen auf Rädern den Überblick zu behalten und nichts wegwerfen zu müssen.

Und zu guter Letzt soll ja vor allem eines im Urlaub nicht fehlen: spannende Bekanntschaften und eine kleine Wundertüte voller Inspirationen, die man mit nach Hause nehmen kann. Damit diese nicht verloren gehen, findet ihr auf den letzten Seiten dieses Buches ausreichend Platz, um alle eure Anregungen zu notieren – vor allem natürlich grandiose Rezepttipps, die ihr von Mitcampern bekommen habt.

Gute Reise und guten Appetit
wünschen Ira und Maike!

Ground coffee

VORRAT IN DER CAMPINGKÜCHE

VORRÄTE

Zucker
Mehl
Albaöl (Rapsöl mit Butteraroma)
Sonnenblumenöl
Olivenöl
Essig
Senf
Tomatenmark
gekörnte Gemüsebrühe
Ahornsirup
H-Milch
Backpulver
Vanillezucker
Trockenhefe
Knoblauch
Zwiebeln
Zitronensaft (Flasche; Fertigprodukt)
Sojasoße

GEWÜRZE

Salz
Pfeffer
gemahlener Zimt
gemahlener Kreuzkümmel
Paprika-Edelsüß
Curry
Cayennepfeffer
geriebene Muskatnuss
getrocknete Kräuter (Bohnenkraut, Majoran, Rosmarin, Thymian, Oregano)
Lorbeerblätter
Garam Masala
gemahlener Koriander

Frühstück

Guten Morgen!
Das ultimative
Camperfrühstück
ist angerichtet.
Hier gibt's alles
für einen guten Start
in den Tag!

Veggi

Cinnamon Pan Buns

Zutaten für ca. 6 Stück

100 g Magerquark
2 EL Milch
4–5 EL Albaöl (oder Sonnenblumenöl)
1 Ei
1 TL Essig
220 g Mehl
1 Prise Salz
1 EL Zucker
1 gestrichener TL gemahlener Zimt
½ Päckchen Backpulver

Zubereitungszeit: 25 Minuten

1
Quark, Milch, 2 EL Öl, Ei und Essig glatt verrühren. Mehl, Salz, Zucker, Zimt und Backpulver mischen und zur Quarkmischung geben. Zu einem glatten Teig verkneten.

2
Teig zu einer ca. 20 cm langen Rolle formen und in sechs Stücke schneiden. Stücke zu flachen Brötchen formen und rundherum mit übrigem Öl bestreichen.

3
Eine große beschichtete Pfanne erhitzen, die Brötchen nebeneinander hineinsetzen und ca. 10 Minuten bei schwacher bis mittlerer Hitze backen. Dabei mehrmals wenden.

Die Buns schmecken nicht nur mit Zimt – man kann sie auch mit dem eigenen Lieblingsgewürz backen. Kardamom, Ingwer oder Kurkuma schmecken ebenfalls sehr lecker. Wenn ihr lieber herzhaft frühstückt, einfach den Zucker weglassen und etwas mehr Salz verwenden.

Veggi Vegan mit Pflanzenmilch

FRÜHSTÜCKSPUFFER MIT ROSINEN

ZUTATEN FÜR CA. 6 STÜCK

3 EL Rosinen
120 g Mehl
30 g gemahlene Mandeln
1 TL Backpulver
1 Prise Salz
1 TL Zucker
2 EL griechischer Joghurt
4 EL Milch oder Pflanzenmilch
3 EL Albaöl
(oder Sonnenblumenöl)
3 EL Ahornsirup
Frische Früchte z. B. (Blaubeeren, Himbeeren, Aprikosen etc.)

Wer keine Rosinen mag, kann diese einfach weglassen oder durch Cranberries oder andere kleingeschnittene Trockenfrüchte ersetzen. So bekommen die Puffer die perfekte eigene Geschmacksnote!

ZUBEREITUNGSZEIT: 25 MINUTEN

1

Rosinen mit wenig Wasser in einem kleinen Topf aufkochen und vom Herd nehmen.

2

Mehl, Mandeln, Backpulver, Salz und Zucker in eine Schüssel geben. Joghurt, Milch und 2 EL Albaöl zugeben und alles zu einem glatten Teig verkneten.

3

Rosinen gut abtropfen lassen und unter den Teig rühren. Teig kurz quellen lassen.

4

1 EL Albaöl in einer beschichteten Pfanne portionsweise erhitzen und die Fladen darin nacheinander von beiden Seiten bei schwacher bis mittlerer Hitze ca. 10 Minuten unter Wenden goldbraun backen.

5

Fertige Fladen mit Ahornsirup beträufeln und mit Früchten anrichten.

Vegan

VEGANE BANANEN-PANCAKES

ZUTATEN FÜR 6 STÜCK

150 g Mehl
1 TL Backpulver
1 Päckchen Vanillezucker
1 gestrichener EL Zucker
1 Prise Salz
1 reife Banane
250 ml Pflanzenmilch mit Vanillegeschmack
Albaöl (oder Sonnenblumenöl)
100 g Walnusskerne
250 g griechischer Joghurt
Evtl. Ahornsirup zum Beträufeln

ZUBEREITUNGSZEIT: 30 MINUTEN

1

Mehl, Backpulver, Vanillezucker, Zucker und Salz in einer Schüssel mischen. Banane schälen und mit einer Gabel fein musen.

2

Bananenmus, Pflanzenmilch und 1 EL Öl glatt verrühren, zur Mehlmischung geben und zu einem glatten Teig verarbeiten.

3

Walnusskerne grob hacken und in einer Pfanne ohne Fett goldbraun rösten. Abkühlen lassen.

4

Teig portionsweise in heißem Öl goldbraun zu sechs Pancakes braten. Mit Joghurt und Kernen servieren. Eventuell mit Ahornsirup beträufeln.

Veggi

RÖSTBROTE MIT AVOCADO UND EI

ZUTATEN FÜR 2 PORTIONEN

3 Eier
1 große reife Avocado
(z. B. Sorte »Hass«)
1 TL Zitronensaft
2 große Scheiben Bauernbrot
4 EL Farmersalat
(Fertigprodukt aus dem Kühlregal)
Salz
Pfeffer

ZUBEREITUNGSZEIT: 15 MINUTEN

1
Eier in Wasser ca. 8 Minuten kochen. Avocado längs halbieren und den Stein entfernen. Fruchtfleisch aus der Schale lösen, in Spalten schneiden und mit Zitronensaft beträufeln.

2
Eier abschrecken, pellen und kurz abkühlen lassen. Bauernbrot goldbraun rösten.

3
Eier in Scheiben schneiden. Farmersalat auf den Broten verteilen und die Avocadospalten und die Eischeiben darauf verteilen. Mit Salz und Pfeffer würzen.

Farmersalat gibt es auch in Bioqualität – wer trotzdem lieber auf »Fertiges« verzichtet, greift zu Frischkäse, Hüttenkäse oder selbstgemachtem Kräuterquark.

Veggi Gluten frei

SHAKSHUKA MIT FETA

ZUTATEN FÜR 2 PORTIONEN

1 rote Paprikaschote
5 große Tomaten
1 kleine Zwiebel
2 EL Olivenöl
Salz
Zucker
Cayennepfeffer
½ TL gemahlener Kreuzkümmel
(oder Currypulver)
2 Eier
100 g Fetakäse
2 Stiele Koriander oder Petersilie

ZUBEREITUNGSZEIT: 30 MINUTEN

1
Paprika putzen, waschen und entkernen. Fruchtfleisch in kleine Würfel schneiden. Tomaten waschen, halbieren und den Stielansatz entfernen. Fruchtfleisch würfeln. Zwiebel schälen, halbieren und in feine Streifen schneiden.

2
Olivenöl in einer kleinen Pfanne mit Deckel erhitzen und Zwiebel und Paprika darin ca. 5 Minuten bei mittlerer Hitze weich dünsten. Mit Salz und 1 Prise Zucker würzen.

3
Tomaten zugeben, mit Salz, Cayennepfeffer und Kreuzkümmel würzen und geschlossen ca. 5 Minuten garen.

4
Mit einem Esslöffel zwei Mulden in die Tomaten-Paprika-Masse drücken und die Eier hineingeben. Fetakäse darüber bröckeln. Bei schwacher Hitze geschlossen weitere 5–7 Minuten garen.

5
Kräuterblättchen abzupfen und grob hacken. Fertige Shakshuka mit Kräutern bestreuen und mit Brot servieren.

mit Kuhmilch
Veggi Vegan
mit Pflanzenmilch

Süsser Maisbrei mit Bratbanane und Cranberries

Zutaten für 2 Portionen

500 ml Pflanzenmilch mit Vanillegeschmack (oder Kuhmilch)
120 g Instant-Polenta
1 Prise gemahlener Zimt
2 TL Albaöl (oder Sonnenblumenöl)
1 kleine reife Banane
2 EL Ahornsirup
2 TL getrocknete Cranberries

Zubereitungszeit: 30 Minuten

1
Pflanzenmilch aufkochen. Polenta und Zimt mischen und einrühren. Polenta aufkochen und vom Herd nehmen. 1 TL Albaöl einrühren und quellen lassen. Dabei regelmäßig umrühren.

2
Banane schälen und längs halbieren. Banane in 1 TL heißem Albaöl goldbraun braten.

3
Maisbrei mit gebratener Banane anrichten und mit Ahornsirup beträufeln. Cranberries darüber streuen.

Polenta wird aus Mais hergestellt – so kann man es sich auch mit einer Glutenunverträglichkeit unbesorgt schmecken lassen.

AHORNSIRUP

mit glutenfreien Haferflocken

Vegan Gluten frei

KNUSPERMÜSLI AUS DER PFANNE

ZUTATEN FÜR 6 PORTIONEN

50 g Mandelkerne (mit Haut)
50 g Kürbiskerne
50 g Pekannüsse
150 g kernige Haferflocken
2 EL Albaöl (oder Sonnenblumenöl)
2 EL Zucker
1 Prise Salz

ZUBEREITUNGSZEIT: 15 MINUTEN

1
Mandelkerne grob hacken. Alle Zutaten in eine Schüssel geben und sorgfältig vermengen.

2
Zutaten in eine große Pfanne geben und unter ständigem Rühren bei starker Hitze so lange rösten, bis sie anfangen zu duften. Dann sofort auf einem Stück Backpapier ausbreiten und auskühlen lassen.

3
Knuspermüsli in ein Schraubglas füllen und mit Pflanzenmilch, Kuhmilch oder Joghurt und frischen und/oder getrockneten Früchten servieren.

CROSSCAMP

Veggi Vegan mit pflanzlichem Joghurt

Joghurt-Bowl mit Pfirsichsugo

Zutaten

2 große reife Pfirsiche
(oder Nektarinen)
1 TL Ahornsirup
1 Prise gemahlener Zimt
500 g Vanille- oder Naturjoghurt
2 Müsliriegel mit Früchten
100 g Heidelbeeren

Zubereitungszeit: 25 Minuten

1
Pfirsiche oben kreuzweise einritzen und mit reichlich kochendem Wasser übergießen. Kurz abkühlen lassen, dann die Schale entfernen. Frucht halbieren und den Stein entfernen. Fruchtfleisch in Würfel schneiden.

2
Ahornsirup, Zimt und Pfirsichwürfel in einem kleinen Topf oder einer Pfanne mit geschlossenem Deckel ca. 5 Minuten bei schwacher Hitze dünsten. Abkühlen lassen.

3
Joghurt glatt verrühren. Müsliriegel grob zerbröckeln. Heidelbeeren waschen und trocknen. Joghurt, Pfirsichkompott und Heidelbeeren in zwei Schüsseln verteilen und mit den zerbröckelten Müsliriegeln bestreuen.

mit glutenfreien Haferflocken

Vegan Gluten frei

Homemade Porridge

Zutaten für 2 Portionen

120 g kernige Haferflocken
1 Päckchen Vanillezucker
1 Prise Salz
500 ml Pflanzenmilch mit Vanillegeschmack
1 EL Albaöl (oder Sonnenblumenöl)
300 g Lieblingsobst
(z. B. Banane, Beeren oder Mango)
Evtl. Ahornsirup zum Beträufeln

Zubereitungszeit: 15 Minuten

1

Haferflocken, Vanillezucker und Salz vermengen. Pflanzenmilch und Haferflockenmischung in einen Topf geben und unter Rühren langsam aufkochen.

2

Porridge vom Herd nehmen, Albaöl einrühren und alles ca. 3 Minuten quellen lassen. Inzwischen das Obst vorbereiten.

3

Porridge mit Obst anrichten und nach Wunsch mit Ahornsirup beträufeln.

Vegan Gluten frei

GRÜNER HAFER-SMOOTHIE

ZUTATEN

75 g Babyspinat
1 reife Avocado
1 reife Banane
Saft und abgeriebene
Schale ½ Bio-Zitrone
500 ml eiskalter Haferdrink »Natur«
Ahornsirup nach Belieben

ZUBEREITUNGSZEIT: 10 MINUTEN

1

Spinat verlesen, waschen und grob hacken. Avocado längs halbieren und den Stein entfernen. Fruchtfleisch würfeln. Banane schälen und in Stücke brechen.

2

Zutaten in eine hohe Schüssel geben und Zitronensaft und -schale zugeben. Haferdrink hinzugießen und alles mit einem Pürierstab fein pürieren. Eventuell mit Ahornsirup süßen. Sofort servieren.

Ein Smoothie ist sättigend und sehr gesund. Außerdem kann man alle möglichen Reste an Obst, Salat und Gemüse verbrauchen. Wichtig: Sofort nach der Zubereitung verzehren, sonst verflüchtigen sich die wertvollen Vitamine auf Nimmerwiedersehen!

SPACE-TEC
DEFENDER
HH DK 246

Snacks für zwischendurch

Pfannenbrot, Patties oder Salate sind schön robust und zum Mitnehmen an den Strand, zur Wanderung oder auf die Fahrradtour bestens geeignet.

Veggi

SÜSSKARTOFFEL-SPINAT-PATTIES

ZUTATEN FÜR CA. 6 STÜCK

1 mittelgroße Süßkartoffel
100 g Babyspinat
Salz
1 Knoblauchzehe
1 kleine Zwiebel
3 EL Olivenöl
Pfeffer
Geriebene Muskatnuss
50 g geriebener Parmesankäse
1 Ei
1 TL Currypulver
6–7 EL Mehl

ZUBEREITUNGSZEIT: 40 MINUTEN

1
Süßkartoffel schälen und klein schneiden. In kochendem Salzwasser ca. 15 Minuten weich garen. Abgießen und ausdampfen lassen.

2
Spinat putzen und waschen. Knoblauch und Zwiebel schälen und fein würfeln. 2 EL Öl in einem Topf erhitzen und Knoblauch und Zwiebel darin andünsten. Tropfnassen Spinat zugeben und zusammenfallen lassen. Mit Salz, Pfeffer und Muskat würzen. Die Flüssigkeit verdampfen lassen.

3
Den Spinat abkühlen lassen und hacken. Süßkartoffel zerstampfen, Spinat und Parmesan zugeben und vermengen. Ei, Currypulver und Mehl unterarbeiten. Teig salzen.

4
Mit angefeuchteten Händen sechs Patties formen. In einer beschichteten Pfanne 1 EL Öl erhitzen und die Patties bei schwacher bis mittlerer Hitze ca. 10 Minuten braten. Dabei ab und zu wenden.

5
Die Patties abkühlen lassen und mit Gemüse- und Obststücken für unterwegs einpacken.

Veggi

GEFÜLLTES PARATHA-BROT

ZUTATEN FÜR 2 PORTIONEN

150 g Mehl
Salz
1 TL Trockenhefe
Olivenöl
1 mittelgroße Tomate
50 g getrocknete Tomaten (in Öl)
50 g schwarze Oliven (ohne Stein)
50 g geriebener Parmesankäse
1 Msp. Cayennepfeffer
3 Stiele glatte Petersilie

ZUBEREITUNGSZEIT: 40 MINUTEN

1

Mehl, ½ TL Salz und Hefe mischen. 100 ml lauwarmes Wasser und 1 EL Olivenöl zugeben . Alles mit zu einem glatten Teig verkneten. Teig mit Mehl bestäuben und abdecken.

2

Frische Tomate waschen, halbieren, Stielansatz herausschneiden. Entkernen, Fruchtfleisch fein würfeln. Getrocknete Tomaten abtropfen lassen. Tomaten und Oliven hacken. Alles mit Parmesankäse mischen. Petersilie waschen, fein hacken und unterheben. Mit Salz und Cayennepfeffer würzen.

3

Teig halbieren und rund (ca. 20 cm Durchmesser) ausrollen. 1 EL Öl in einer beschichteten Pfanne erhitzen, einen Fladen hineingeben. Tomatenmischung darauf verteilen, dabei einen Rand freilassen. Rand mit Wasser anfeuchten und den zweiten Fladen sofort auf die Masse legen. Ränder festdrücken und die Oberfläche mit einer Gabel mehrmals einstechen.

4

1 EL Öl auf den Teig träufeln den gefüllten Brotfladen pro Seite ca. 6 Minuten bei schwacher bis mittlerer Hitze mit geschlossenem Deckel backen. Kurz abkühlen lassen und in Stücke schneiden.

PFANNKUCHENSTICKS MIT PASTRAMI UND MEERRETTICH

ZUTATEN FÜR 2 PORTIONEN

5 Eier
Salz
Cayennepfeffer
1 gestrichener TL Paprika-Edelsüß
1 EL Sonnenblumenöl
1 Bund Schnittlauch
2–3 TL Sahnemeerrettich
8 Scheiben Pastrami oder Rindersaftschinken (hauchdünn geschnitten)
Kleine Holzspießchen (z. B. Zahnstocher)

ZUBEREITUNGSZEIT: 25 MINUTEN

1
Eier verquirlen und mit 1 TL Salz, Cayennepfeffer und Paprika-Edelsüß würzen.

2
In einer großen beschichteten Pfanne Öl erhitzen und die Eimasse darin bei mittlerer Hitze zu einem dünnen Pfannkuchen braten. Die Pfannkuchen zum Auskühlen auf eine Arbeitsfläche oder einen flachen Teller gleiten lassen.

3
Schnittlauch waschen, trocknen und in feine Röllchen schneiden. Die abgekühlten Pfannkuchen mit Sahnemeerrettich bestreichen und gleichmäßig mit Schnittlauch bestreuen. Mit Pastrami belegen. Die Pfannkuchen mithilfe von einem Stück Frischhaltefolie fest aufrollen und ca. 1 Stunde kaltstellen.

4
Die Pfannkuchenrolle auswickeln, in 8–10 Stücke schneiden und mit Holzspießchen fixieren. Dazu schmecken Birnen oder Trauben.

Vegan Glutenfrei

BOHNENSALAT MIT PAPRIKA

ZUTATEN FÜR 2 PORTIONEN

1 Dose große weiße Bohnen (400 ml)
1 kleine rote Paprikaschote
1 dicke Frühlingszwiebel
1 TL Essig
Salz
Pfeffer
2 EL Olivenöl
1 Msp. getrocknetes Bohnenkraut
1 Msp. getrockneter Majoran

ZUBEREITUNGSZEIT: 15 MINUTEN (OHNE ZIEHZEIT)

1

Bohnen abspülen und abtropfen lassen. Paprika putzen, waschen und das Kerngehäuse entfernen. Das Fruchtfleisch in feine Würfel schneiden. Frühlingszwiebel putzen, waschen und in feine Ringe schneiden.

2

Essig, Salz, Pfeffer und 2 EL heißes Wasser verrühren. Öl unterrühren. Vorbereitete Zutaten miteinander vermengen und den Salat mit Bohnenkraut und Majoran würzen. Ca. eine Stunde ziehen lassen, dann noch mal mit Salz und Pfeffer abschmecken.

Doppelte Menge zubereiten und am nächsten Tag mit Feta und/oder Thunfisch genießen. Statt weißer Bohnen schmecken auch Kidneybohnen, Kichererbsen oder rote Linsen sehr lecker.

Vegan Gluten frei mit glutenfreien Haferflocken

SCHWEIZER OVERNIGHT OATS

ZUTATEN FÜR 2 PORTIONEN

6 EL kernige Haferflocken
2 EL Haselnusskerne (mit Schale)
1 rotschaliger Apfel
1 TL Zitronensaft
2 EL Ahornsirup

Schmeckt auch lecker zum Frühstück! Hier kann man seiner kulinarischen Fantasie freien Lauf lassen. Mandeln, Walnüsse, Rosinen und anderes Trockenobst schmecken köstlich. Auch geschrotete Leinsamen passen gut und halten lange satt. Mit griechischem Joghurt, Vanillejoghurt oder Schlagsahne schmeckt es auch jedem Müslimuffel!

ZUBEREITUNGSZEIT: 10 MINUTEN (OHNE QUELLZEIT)

1
Haferflocken mit 150 ml kaltem Wasser verrühren und zugedeckt über Nacht quellen lassen.

2
Haselnüsse grob hacken und so lange in einer heißen Pfanne rösten, bis sie anfangen zu duften und goldbraun werden. Aus der Pfanne nehmen und abkühlen lassen.

3
Apfel waschen, vierteln und das Kerngehäuse entfernen. Das Fruchtfleisch grob raspeln und mit Zitronensaft beträufeln.

4
Haferflocken sorgfältig durchrühren und die Apfelraspel unterheben. In zwei Transportbehälter geben. Mit Ahornsirup beträufeln und mit den Haselnüssen bestreuen. Bis zur Mitnahme kaltstellen.

Schnelles zum Sattwerden

Campen macht hungrig! Hier kommen schnell gekochte Hauptgerichte, die auch den größten Hunger stillen.

statt Fleisch die doppelte Menge Zucchini

Veggi Gluten frei

LINSENDAL MIT HÜHNCHEN

ZUTATEN FÜR 2 PORTIONEN

350 g Hähnchenbrustfilet
1 große Zucchini
1 Zwiebel
2 EL Olivenöl
Salz
Zucker
150 g rote Linsen
1 Dose Kokosmilch (400 ml)
300 ml Gemüsebrühe
1 gestrichener TL Currypulver
Cayennepfeffer
Einige Tropfen Essig

ZUBEREITUNGSZEIT: 35 MINUTEN

1

Fleisch waschen, trocken tupfen und in kleine Würfel schneiden. Zucchini putzen, waschen, längs halbieren und in Scheiben schneiden. Zwiebel schälen, halbieren und in dünne Spalten schneiden.

2

Öl in einem Topf oder einer Pfanne erhitzen und das Fleisch darin goldbraun braten. Aus der Pfanne nehmen. Zwiebelspalten in das heiße Bratöl geben und darin ca. 3 Minuten anbraten. Mit Salz und einer Prise Zucker würzen und goldbraun braten. Linsen waschen und abtropfen lassen.

3

Zucchini zur Zwiebel geben und kurz anbraten. Dann die Linsen untermischen und mit Kokosmilch und Brühe ablöschen. Aufkochen und mit Curry würzen. Fleisch samt Fleischsaft zugeben und alles ca. 5 Minuten bei schwacher Hitze köcheln lassen. Dabei ab und zu umrühren. Fertiges Linsendal mit Salz, Cayennepfeffer und Essig abschmecken.

statt Fleisch die doppelte Menge Pilze

Veggi

TOMATENPENNE MIT PILZEN UND HÄHNCHEN

ZUTATEN FÜR 2 PORTIONEN

200 g kurze Nudeln
(z. B. Penne oder Rigatoni)
Salz
250 g Champignons
150 g Hähnchenbrustfilet
1 Knoblauchzehe
1 kleine Zwiebel
2 EL Olivenöl
Pfeffer
1 Dose gehackte Tomaten (400 g)
3 Stiele glatte Petersilie

ZUBEREITUNGSZEIT: 40 MINUTEN

1
Nudeln in kochendem Salzwasser nach Packungsanweisung garen. Abgießen und abtropfen lassen. Topf ausspülen und trocknen.

2
Champignons putzen und in Scheiben schneiden. Fleisch waschen, trocken tupfen und in kleine Stücke schneiden.

3
Knoblauch und Zwiebel schälen. Den Knoblauch klein hacken, die Zwiebel würfeln.

4
Öl in dem Nudeltopf erhitzen und das Fleisch darin kräftig anbraten. Mit Salz und Pfeffer würzen. Fleisch aus dem Topf nehmen, Champignons hineingeben, im übrigen Bratöl kräftig anbraten und mit Salz und Pfeffer würzen. Zwiebel und Knoblauch kurz mitbraten.

5
Tomaten, Fleisch und Nudeln zugeben und unterheben. Unter Rühren aufkochen. Petersilie abzupfen und hacken. Nudeln mit Salz und Pfeffer würzen und die Petersilie unterheben.

GURKEN-SENF-GEMÜSE MIT LACHS

ZUTATEN FÜR 2 PORTIONEN

100 g Langkornreis
Salz
1 große Bio-Salatgurke
1 Zwiebel
3 EL Albaöl (oder Sonnenblumenöl)
1 gehäufter TL Mehl
1 gehäufter EL mittelscharfer Senf
1 EL Crème fraîche
400 ml Gemüsebrühe
Pfeffer
400 g Lachsfilet
1 Bund Dill
Zucker

ZUBEREITUNGSZEIT: 35 MINUTEN

1
Reis nach Packungsanweisung in kochendem Salzwasser garen. Gurke waschen, trocknen und längs halbieren. Mit einem Teelöffel die Kerne herauskratzen. Die Hälften in Scheiben schneiden. Zwiebel schälen und fein würfeln.

2
In einer Pfanne 2 EL Öl erhitzen, Zwiebel darin andünsten. Gurken zugeben, kurz mitdünsten. Mehl darüber stäuben, alles locker vermengen und ca. 3 Minuten dünsten.

3
Senf und Crème fraîche verrühren und unterheben. Mit Brühe ablöschen und unter Rühren aufkochen. Ca. 5 Minuten offen garen, dabei gelegentlich umrühren.
Mit Salz und Pfeffer würzen.

4
Lachs längs halbieren, waschen und trocken tupfen. In 1 EL heißem Öl von beiden Seiten jeweils 2–3 Minuten braten. Mit Salz und Pfeffer würzen.

5
Dill waschen, trocknen und die Fähnchen abzupfen. Den Dill hacken. Den Reis abgießen. Den Dill unter das Gemüse heben und mit Zucker und Salz abschmecken.
Alles anrichten.

Veggi Gluten frei

Auberginen-Curry mit Granatapfel

Zutaten für 2 Portionen

1 große Aubergine
1 Knoblauchzehe
3 EL Olivenöl
Salz
Cayennepfeffer
1 TL Garam Masala
1 Dose Kokosmilch (400 ml)
200 ml Gemüsebrühe
½ Bund Koriander oder Petersilie
1 Granatapfel
Einige Tropfen Essig

Dieses Curry lässt sich wunderbar variieren. Statt Aubergine kann man auch dünn geschnittene Möhren und Zucchini verwenden. Auch Streifen von Kurzgebratenem wie Hähnchen, Pute, Schwein oder Rind passen gut. Fisch muss nur in grobe Würfel geschnitten und ca. 5 Minuten in der heißen Kokossoße mitgegart werden. Auf Seite 90 beim Nudelsalat können übrige Granatapfelkerne verwendet werden.

Zubereitungszeit: 30 Minuten

1

Aubergine waschen, putzen und in ca. 2 cm große Würfel schneiden. Knoblauch schälen und hacken.

2

Öl in einer Pfanne erhitzen und die Aubergine darin unter Wenden ca. 5 Minuten kräftig anbraten. Knoblauch zugeben und die Aubergine unter Wenden mit Salz, Cayennepfeffer und Garam Masala würzen.

3

Kokosmilch und Brühe hinzugießen und alles offen ca. 10 Minuten bei mittlerer Hitze köcheln lassen.

4

Korianderblättchen abzupfen und grob hacken. Granatapfel entkernen. Das Curry mit Salz und Essig abschmecken und mit Granatapfelkernen und Koriander anrichten. Dazu schmeckt Reis.

Gluten frei

SCHNELLE BOUILLABAISSE

ZUTATEN FÜR 2 PORTIONEN

1 Bund Suppengrün
2 Knoblauchzehen
1 kleine Fenchelknolle
3 EL Olivenöl
2 EL Tomatenmark
100 ml trockener Weißwein
600 ml Gemüsebrühe
2 Lorbeerblätter
1 Döschen Safranfäden (0,1 g)
Salz
Cayennepfeffer
500 g gemischtes festfleischiges Fischfilet (z. B. Lachs, Dorsch oder Zander)

ZUBEREITUNGSZEIT: 40 MINUTEN

1
Suppengrün putzen bzw. schälen, waschen und in kleine Würfel schneiden. Knoblauch schälen und in feine Scheiben schneiden. Fenchelknolle putzen, waschen und in dünne Scheiben schneiden.

2
Öl in einem Topf erhitzen und den Knoblauch darin kurz andünsten. Gemüse und Tomatenmark zugeben und alles ca. 5 Minuten unter Rühren kräftig rösten.

3
Mit Weißwein ablöschen. Dann Brühe, Lorbeerblätter und Safran zugeben und aufkochen. Mit Salz und Cayennepfeffer würzen. Die Suppe ca. 10 Minuten offen kochen lassen, dann die Hitze reduzieren.

4
Fisch waschen, in große Würfel schneiden und in die Suppe legen. Fischwürfel ca. 3 Minuten in der heißen Suppe gar ziehen lassen. Dabei nur ein- bis zweimal vorsichtig wenden.

5
Bouillabaisse mit Salz und Cayennepfeffer abschmecken.

STEAK WRAP MIT GUACAMOLE UND SALAT

ZUTATEN FÜR 2 PORTIONEN

1 Avocado
1 TL Limettensaft und 1 Msp. abgeriebene Bio-Limettenschale
1 gehäufte Msp. gemahlener Kreuzkümmel
Salz
Cayennepfeffer
1 kleine Zwiebel
1 Mini-Römersalat
300 g Rinderhüfte
2 EL Sonnenblumenöl
Schwarzer Pfeffer aus der Mühle
1 TL Essig
1 Msp. Senf
2 Weizentortillas (Fertigprodukt)

Übrige Fladen eignen sich super für eine schnelle Pfannentortilla: Dazu einen Tortillafladen mit Tomatenmark bestreichen, mit Salz, Pfeffer und Rosmarin würzen. Dünn mit Käse und Kochschinken belegen, mit Olivenöl beträufeln. Einen zweiten Fladen darauflegen, vorsichtig festdrücken. Von beiden Seiten in der heißen Pfanne ca. 2 Minuten backen. In Stücke schneiden.

ZUBEREITUNGSZEIT: 35 MINUTEN

1
Avocado längs halbieren und den Stein entfernen. Fruchtfleisch aus der Schale lösen und mit Limettensaft, Limettenschale, Kreuzkümmel, Salz und Cayennepfeffer fein zermusen. Guacamole kaltstellen. Zwiebel schälen, halbieren und in hauchdünne Halbringe schneiden.

2
Salat putzen, waschen, trocknen und in Streifen schneiden. Rinderhüfte trocken tupfen, bei starker Hitze in 1 EL heißem Öl von beiden Seiten ca. 1 Minute anbraten. Mit Salz und Pfeffer würzen und bei mittlerer Hitze von jeder Seite 2–3 Minuten braten. Zwiebelringe kurz mitbraten. Steak samt Zwiebeln vom Herd nehmen und kurz ruhen lassen.

3
Essig, Senf, Salz und Pfeffer verrühren. Mit 1 EL heißem Wasser und 1 EL Öl glatt verrühren. Salat und Vinaigrette vermengen.

4
Tortillas in einer Pfanne erwärmen. Mit Guacamole bestreichen und mit Salat und Zwiebeln belegen. Fleisch in Streifen schneiden und auf dem Salat verteilen. Den Fladen fest aufrollen.

Vegan Gluten frei mit glutenfreier Sojasoße

Tofu mit Spinat und Reis

Zutaten für 2 Portionen

200 g Tofu (Natur)
250 g Babyspinat
1 Zwiebel
1 EL Sesamsamen (geschält)
2 EL Sonnenblumenöl
Zucker
3 EL Sojasoße
1 Packung vorgegarter Express-Basmatireis (250 g)
Salz
Cayennepfeffer

Zubereitungszeit: 30 Minuten

1

Tofu in kleine Stücke brechen. Spinat putzen und waschen. Zwiebel schälen, halbieren und in dünne Spalten schneiden.

2

Sesam in einer Pfanne ohne Fett goldbraun rösten. Aus der Pfanne nehmen und auskühlen lassen.

3

Öl in die heiße Pfanne geben und erhitzen. Tofu darin unter Wenden von allen Seiten goldbraun braten. Zum Schluss mit ½ TL Zucker bestreuen und mit 2 EL Sojasoße ablöschen. Aus der Pfanne nehmen. Spinat tropfnass in die heiße Pfanne geben und zusammenfallen lassen.

4

Reis nach Packungsanweisung erwärmen und zum Spinat in die Pfanne geben. Tofu unterheben und alles noch mal erhitzen. Mit 1 EL Sojasoße, Salz und Cayennepfeffer abschmecken und mit Sesam bestreuen.

mit Seitanwürstchen oder Tofu

Vegan Gluten frei

Bohneneintopf mit Fleischbällchen

Zutaten für 2 Portionen

250 g Stangenbohnen
500 g Kartoffeln
1 Zwiebel
2 EL Sonnenblumenöl
1 EL Tomatenmark
750 ml Gemüsebrühe
1 TL Bohnenkraut
2 Lorbeerblätter
Salz
Pfeffer
2 rohe Bratwürstchen (z. B. Merguez)

Der herzhafte Eintopf lässt sich auch vegetarisch bzw. vegan zubereiten. Einfach die Bratwürstchen durch Seitanwürstchen, Räuchertofu oder Ähnliches ersetzen. Klein schneiden und dann nur kurz im heißen Eintopf erhitzen.

Zubereitungszeit: 45 Minuten

1
Bohnen putzen, waschen und in Stücke schneiden. Kartoffeln schälen, waschen und in ca. 2 cm große Würfel schneiden. Zwiebel schälen und würfeln.

2
Öl in einem Topf erhitzen und die Zwiebel darin andünsten. Tomatenmark zugeben und ca. 5 Minuten kräftig anbraten. Bohnen und Kartoffeln zugeben und mit Brühe aufgießen. Mit Bohnenkraut, Lorbeerblättern, Salz und Pfeffer würzen. Ca. 15 Minuten köcheln lassen.

3
Die Pelle der Würstchen einschneiden und kleine Brätklößchen in den köchelnden Eintopf geben. Klößchen ca. 5 Minuten in dem Eintopf garen. Dabei ab und zu wenden. Eintopf mit Salz und Pfeffer abschmecken.

Gluten frei

HONIG-BALSAMICO-HÄHNCHEN

ZUTATEN FÜR 2 PORTIONEN

2 große Hähnchenschenkel
3 Scheiben Bacon
3 Knoblauchzehen
2 EL Olivenöl
Salz
Pfeffer
1 TL getrockneter Rosmarin
1 Lorbeerblatt
1 EL Essig (z. B. Balsamicoessig)
1 EL flüssiger Honig
200 ml Gemüsebrühe
200 g Champignons

ZUBEREITUNGSZEIT: 50 MINUTEN

1
Hähnchenschenkel waschen und gut trocken tupfen. Bacon quer in Streifen schneiden. Knoblauchzehen schälen und in dünne Scheiben schneiden.

2
Öl in einer Pfanne mit Deckel erhitzen. Die Schenkel darin rundherum goldbraun anbraten und mit Salz und Pfeffer würzen. Aus der Pfanne nehmen.

3
Bacon im heißen Bratöl auslassen, Rosmarin und Lorbeer zugeben. Essig und Honig verrühren und das Fleisch damit bestreichen. Das Fleisch wieder in den Topf legen und mit Brühe ablöschen. Die übrige Essig-Honig-Mischung zugeben und geschlossen ca. 30 Minuten bei schwacher bis mittlerer Hitze schmoren lassen. Dabei von Zeit zu Zeit wenden.

4
Champignons putzen und in Scheiben schneiden. Die Champignons zum Fleisch in den Garsud geben und ca. weitere 10 Minuten garen. Soße mit Salz, Pfeffer und Essig abschmecken. Hähnchen mit Baguette anrichten.

Veggi

VEGETARISCHE CORN DOGS MIT GEHACKTEM SALAT

ZUTATEN FÜR 2 PORTIONEN

2 kleine Zucchini
200 g Fetakäse
75 g Weizenmehl
75 g Maismehl
100 ml Milch
1 Ei
Salz
Cayennepfeffer
1 TL Backpulver
Sonnenblumenöl
1 TL Essig
5 EL heiße Gemüsebrühe
1 TL Senf
2 EL Olivenöl
1 Beutel verzehrfertige Salatmischung (125 g; Kühlregal)
Kleine Holzspießchen (z. B. Zahnstocher)

ZUBEREITUNGSZEIT: 40 MINUTEN

1

Zucchini putzen und waschen. Feta trocken tupfen. Feta und Zucchini in ca. 6 cm lange und 1 cm dicke Stifte schneiden.

2

Für den Teig Weizenmehl, Maismehl, Milch und Ei glatt verrühren. Teig mit 1 gestrichenen TL Salz, 1 gehäuften Msp. Cayennepfeffer und Backpulver verquirlen.

3

Sonnenblumenöl ca. 2 cm hoch in eine Pfanne geben und erhitzen. Nach einiger Zeit ein Holzstäbchen in das Öl halten. Wenn sich daran Blasen bilden, hat das Öl die richtige Temperatur. Das Öl darf nicht rauchen!

4

Teig in einen Trinkbecher geben. Holzstäbchen in die Schnittfläche der Gemüse- und Käsesticks piksen. Stücke in den Teig tauchen und im heißen Fett 3–4 Minuten goldbraun frittieren. Dabei ein- bis zweimal wenden.

5

Essig, Brühe, Senf und 1 gehäufte Msp. Salz verquirlen. Öl unterrühren. Salat auf eine Arbeitsfläche geben und mit einem Messer klein hacken. Salat und Vinaigrette vermengen und mit den Corn Dogs servieren.

Glutenfrei

FENCHEL MIT ZITRONENSOSSE UND GARNELEN

ZUTATEN FÜR 2 PORTIONEN

1 große Fenchelknolle
1 Knoblauchzehe
1 Bio-Zitrone
3–4 Stiele krause Petersilie
3 EL Olivenöl
Salz, Pfeffer
200 g Garnelen
1 Packung vorgegarter
Express-Vollkornreis (250 g)
150 ml Gemüsebrühe
150 ml Schlagsahne

ZUBEREITUNGSZEIT: 35 MINUTEN

1
Fenchel putzen, halbieren und den Strunk keilförmig herausschneiden. Die Hälften in Streifen schneiden. Knoblauch schälen und fein hacken. Zitrone heiß waschen und abtrocknen. Schale fein abreiben. Petersilie waschen, trocken tupfen, abzupfen und fein hacken.

2
In einer Pfanne 2 EL Öl erhitzen und den Fenchel darin ca. 5 Minuten braten. Dabei mit Salz und Pfeffer würzen und gelegentlich wenden. Fenchel aus der Pfanne nehmen.

3
Garnelen waschen und trocken tupfen. 1 EL Öl in die heiße Pfanne geben und die Garnelen darin ca. 3 Minuten braten. Knoblauch zugeben und kurz mitbraten. Fenchel wieder dazugeben. Mit Salz und Pfeffer würzen.

4
Reis nach Packungsanweisung erhitzen. Brühe und Sahne zu Gemüse und Garnelen geben und aufkochen. Zitronenschale und Petersilie zugeben. Mit Salz, Pfeffer und etwas Zitronensaft abschmecken.

Gluten frei

GERÖSTETER BROKKOLI ZU LACHS

ZUTATEN FÜR 2 PORTIONEN

500 g Brokkoli
100 g Kirschtomaten
2 Knoblauchzehen
3 EL Olivenöl
Salz
Pfeffer
250 g Lachsfilet
30 g frisch geriebener Parmesankäse

Der Brokkoli zu Lachs ist ein gutes Beispiel: Kohlgemüse schmeckt gebraten bzw. geröstet besonders intensiv und lecker. Wirsing, Spitzkohl, Rosenkohl, Blumenkohl und Weißkohl lassen sich so prima zubereiten.

ZUBEREITUNGSZEIT: 25 MINUTEN

1
Brokkoli putzen, waschen, trocken tupfen und in kleine Stücke hacken. Tomaten waschen und halbieren. Knoblauch schälen und in feine Scheiben schneiden.

2
In einer Pfanne 2 EL Öl erhitzen und den Brokkoli darin kräftig anbraten. Mit Salz und Pfeffer würzen. Knoblauch und Tomaten zugeben und ca. 3 Minuten mitbraten. Mit 100 ml Wasser ablöschen.

3
Lachs waschen, trocken tupfen und halbieren. Den Lachs in 1 EL Öl von beiden Seiten ca. 3 Minuten goldbraun braten. Mit Salz und Pfeffer würzen.

4
Brokkoli auf Tellern anrichten und mit Parmesan bestreuen. Lachs dazu servieren. Dazu schmecken Nudeln, Kartoffeln oder Reis.

Veggi Gluten frei

ERBSENOMELETT MIT FETA UND MINZE

ZUTATEN FÜR 2 PORTIONEN

125 g TK-Erbsen
Salz
5 Eier
Geriebene Muskatnuss
Pfeffer
Paprika-Edelsüß
1 Beet Kresse
2 EL Albaöl (oder Sonnenblumenöl)
200 g Fetakäse
3 Stiele Minze

ZUBEREITUNGSZEIT: 25 MINUTEN

1
Erbsen in kochendem Salzwasser ca. 2 Minuten garen. Abgießen und abtropfen lassen.

2
Eier mit 1 Prise Muskat, ½ TL Salz und Paprika-Edelsüß verquirlen. Kresse mit einer Schere vom Beet schneiden.

3
Öl in einer beschichteten Pfanne mit Deckel erhitzen und die Eimasse hineingeben. Erbsen gleichmäßig darauf verteilen. Geschlossen bei schwacher bis mittlerer Hitze ca. 10 Minuten stocken lassen.

4
Fetakäse zerbröckeln. Minze waschen und die Blättchen abzupfen. Fetakäse über das fertige Omelett bröckeln und Kresse und Minze darüber streuen. Dazu schmeckt Roggenbrot.

Veggi

SPÄTZLE IN MANDELBUTTER ZU RADIESCHEN-RUCOLA-SALAT

ZUTATEN FÜR 2 PORTIONEN

1 Bund Radieschen
75 g Rucolasalat
1 TL Essig
3 EL warme Gemüsebrühe
Salz
Pfeffer
2 EL Sonnenblumenöl
500 g frische Spätzle (Kühlregal)
50 g Mandelkerne (mit Haut)
3 EL Butter

ZUBEREITUNGSZEIT: 25 MINUTEN

1

Radieschen putzen, waschen und in Scheiben schneiden. Rucola putzen, waschen und trocknen. Den Rucola grob hacken.

2

Essig, Brühe, Salz und Pfeffer verrühren. Öl unterrühren.

3

Spätzle nach Packungsanweisung zubereiten. Mandeln grob hacken und ohne Fett in einer Pfanne so lange rösten, bis sie anfangen zu duften. Pfanne vom Herd nehmen. Butter zugeben und darin schmelzen lassen. Die Mandelbutter mit Salz und Cayennepfeffer würzen. Spätzle unterheben.

4

Radieschen, Rucola und Vinaigrette vermengen und zu den Spätzle reichen.

Sizilianische Nudeln aus der Pfanne

Zutaten für 2 Portionen

1 Dose Artischockenherzen (400 ml)
3 Scheiben Bacon
1 Dose Thunfisch (in Öl)
1 kleines Glas Kapern
200 g kurze Nudeln
(z. B. Penne oder Rigatoni)
Salz
2 Knoblauchzehen
2 EL Olivenöl
1 TL Tomatenmark
Cayennepfeffer
1 Prise Zimt

Zubereitungszeit: 30 Minuten

1

Artischocken abtropfen lassen und vierteln. Bacon quer in Streifen schneiden. Thunfisch abtropfen lassen. Kapern abtropfen lassen.

2

Nudeln in kochendem Salzwasser nach Packungsanweisung garen.
Knoblauch schälen und hacken.

3

Öl in einer Pfanne erhitzen und den Bacon darin auslassen. Knoblauch, Artischocken und Tomatenmark zugeben und alles mit Salz, Cayennepfeffer und Zimt würzen.
In der Pfanne unter gelegentlichem Wenden ca. 5 Minuten braten. Mit 200 ml Wasser ablöschen und aufkochen.

4

Nudeln abgießen und in die Pfanne geben. Thunfisch und Kapern zugeben und alles sorgfältig vermengen. Mit Salz und Cayennepfeffer abschmecken.

Zusammen grillen

Am Abend unter freiem Himmel zu grillen, ist für viele das Tageshighlight. Hier kommen jede Menge leckere Salate und raffinierte Marinaden.

Vegan

NUDELSALAT MIT AUBERGINEN, ORANGEN UND TAHINSOSSE

ZUTATEN FÜR 2 PORTIONEN

2 Orangen
2 EL Tahin (Sesampaste im Glas)
1 TL Senf
Salz
Cayennepfeffer
1 mittelgroße Aubergine
3 EL Olivenöl
1 Knoblauchzehe
150 g kurze Nudeln (z. B. Gemelli)
3 Stiele glatte Petersilie

Übriges Tahin eignet sich für einen klassischen Hummus: 1 Dose Kichererbsen (400 ml) mit der Hälfte des Suds und 3–4 EL Tahin fein pürieren. Mit 1 EL Zitronensaft, 1 gestrichenen TL Salz und gemahlenen Kreuzkümmel verrühren. 2 geschälte Knoblauchzehen dazupressen und unterrühren. Mit Cayennepfeffer abschmecken. Lecker zu Fladenbrot.

ZUBEREITUNGSZEIT: 35 MINUTEN

1

1 Orange auspressen, Saft mit Tahin und Senf glatt verrühren. Mit Salz und Cayennepfeffer abschmecken. Die zweite Orange so schälen, dass die weiße Haut vollständig entfernt ist. Frucht in dünne Scheiben schneiden.

2

Aubergine putzen, waschen und trocknen. Fruchtfleisch in ca. 2 cm große Würfel schneiden. Auberginenwürfel mit Öl beträufeln und in einer Schüssel vermengen.

3

Auberginenwürfel in eine beschichtete Pfanne mit Deckel geben und bei mittlerer Hitze unter Wenden bei geschlossenem Deckel ca. 10 Minuten braten. Mit Salz würzen.

4

Knoblauch schälen und hacken. Nudeln in kochendem Salzwasser nach Packungsanweisung garen. Knoblauch zu den Auberginen geben und unterheben. Ca. 3 weitere Minuten braten. Vom Herd nehmen.

5

Nudeln abgießen und kalt abschrecken. Petersilie waschen, trocknen und hacken. Nudeln und Tahinsoße vermengen. Auberginen, Orange und Petersilie locker unterheben. Mit Salz abschmecken.

Veggi Gluten frei

AVOCADOSALAT MIT ZUCKERSCHOTEN UND MOZZARELLA

ZUTATEN FÜR 2 PORTIONEN

200 g Zuckerschoten
Salz
Pfeffer
Saft und abgeriebene Schale einer ½ Bio-Zitrone
5 EL warme Gemüsebrühe
3 EL Olivenöl
1 Avocado
125 g Mozzarella-Kugeln
3 Stiele Minze

Avocadofruchtfleisch verfärbt sich bei Luftkontakt schnell und wird braun. Um das zu verhindern, immer sofort nach dem Aufschneiden mit Zitronensaft beträufeln. Wenn ein Dip oder ein Salat länger steht, immer den Avocadostein mit hineinlegen, so bleibt alles schön appetitlich!

ZUBEREITUNGSZEIT: 20 MINUTEN

1
Zuckerschoten waschen und schräg halbieren. In kochendem Salzwasser ca. 1 Minute garen. Abgießen und kalt abschrecken.

2
Zitrone waschen, trocknen und die Schale fein abreiben. 1 TL Zitronensaft, Zitronenschale, Brühe, Salz und Pfeffer verrühren. Öl unterrühren.

3
Avocado längs halbieren und den Stein entfernen. Das Fruchtfleisch aus der Schale lösen, in Stücke schneiden und mit der Vinaigrette vermengen.

4
Mozzarella abtropfen lassen. Minze waschen, Blättchen abzupfen und grob hacken.
Die Zuckerschoten und den Mozzarella zur Avocado geben und unterheben.
Mit Salz und Pfeffer abschmecken.
Salat anrichten und mit Minze bestreuen.

mit pflanzlichem Joghurt bzw. Crème fraîche

Veggi Vegan Gluten frei

KARTOFFELSALAT MIT KOHLRABI UND SESAM

ZUTATEN FÜR 2 PORTIONEN

700 g Kartoffeln
Salz
Pfeffer
1 Kohlrabi
2 Frühlingszwiebeln
1 EL Sesamsamen (geschält)
1 TL Essig
5 EL warme Gemüsebrühe
3 EL Olivenöl
1 Knoblauchzehe
3 EL griechischer Joghurt

ZUBEREITUNGSZEIT: 40 MINUTEN

1

Kartoffeln waschen und in kochendem Salzwasser ca. 25 Minuten garen. Abgießen, mit kaltem Wasser übergießen und abkühlen lassen. Kohlrabi schälen und vierteln. Die Viertel grob raspeln.

2

Frühlingszwiebeln putzen, waschen und hacken. Sesamsamen in einer Pfanne ohne Fett goldbraun rösten. Abkühlen lassen.

3

Essig, Brühe, Salz und Pfeffer verrühren. 2 EL Öl unterrühren. Knoblauch schälen und zu der Vinaigrette pressen.

4

Die Kartoffeln schälen, in Scheiben schneiden und mit der Vinaigrette vermengen. Kohlrabi, Joghurt und Frühlingszwiebeln locker unterheben und mit Sesam bestreuen.

Veggi Vegan mit pflanzlichem Feta

Couscoussalat mit Feta

Zutaten für 2 Portionen

125 g Instant-Couscous
Salz
1 Msp. gemahlener Kreuzkümmel
2 große Tomaten
2 Frühlingszwiebeln
3 Stiele glatte Petersilie
1 EL Essig
2 EL Olivenöl
Pfeffer
150 g Fetakäse

Die kleinen Körnchen aus Hartweißengrieß sind blitzschnell zubereitet und ideal für Salate, Füllungen und als schnelle Beilage. Nur mit kochendem Wasser übergießen, kurz quellen lassen, auflockern und fertig!

Zubereitungszeit: 35 Minuten

1
Couscous nach Packungsanweisung garen. Mit Salz und Kreuzkümmel würzen.

2
Tomaten waschen, vierteln und den Stielansatz entfernen. Die Kerne entfernen und das Fruchtfleisch in kleine Würfel schneiden.

3
Frühlingszwiebeln putzen, waschen und hacken. Petersilie waschen, trocknen und die Blättchen hacken.

4
Essig und Öl verquirlen und mit Tomaten, Frühlingszwiebeln und Petersilie vermengen. Couscous locker unterheben und den Salat mit Salz und Pfeffer abschmecken. Feta darüber bröckeln.

Vegan · Gluten frei

KICHERERBSENSALAT MIT GRANATAPFEL

ZUTATEN FÜR 2 PORTIONEN

1 Dose Kichererbsen (400 ml)
2 mittelgroße Tomaten
2 Frühlingszwiebeln
1 Granatapfel
3 Stiele Minze
1 TL Essig
1 TL Senf
Salz
Pfeffer
3 EL Olivenöl
Einmalhandschuhe

ZUBEREITUNGSZEIT: 25 MINUTEN

1

Kichererbsen abtropfen lassen. Tomaten waschen, halbieren, Stielansatz und Kern entfernen. Das Fruchtfleisch in ca. 1 cm große Würfel schneiden. Frühlingszwiebeln putzen, waschen, trocknen und hacken.

2

Granatapfel entkernen. Dazu mit Einmalhandschuhen an der oberen Seite eine dicke Scheibe abschneiden. Dann die Schale in ca. 2 cm Abständen in Richtung Stielansatz einschneiden. Den Apfel über einer Schüssel vorsichtig auseinanderbiegen und mit einem Esslöffel kräftig die Kerne herausklopfen.

3

Minze waschen, trocknen und die Blättchen hacken. Essig, Senf, 2 EL warmes Wasser, Salz und Pfeffer verrühren. Öl unterrühren. Die vorbereiteten Zutaten mit der Vinaigrette locker vermengen und den Salat ca. 20 Minuten ziehen lassen. Mit Salz und Pfeffer abschmecken.

Gluten frei

TANDOORI DRUMSTICKS

ZUTATEN FÜR 2 PORTIONEN

8 Hähnchenunterkeulen
(Drumsticks; ca. 700 g)
1 Knoblauchzehe
200 g griechischer Joghurt
1 gehäufter TL Garam Masala
Abgeriebene Schale und Saft
einer ½ Bio-Zitrone
½ TL Salz, Pfeffer
1 Packung gemischter Salat
(125 g; Fertigprodukt; Kühlregal)
1 TL Essig
2 EL Olivenöl

ZUBEREITUNGSZEIT: 20 MINUTEN (OHNE MARINIEREN)

1
Fleisch waschen und gut trocken tupfen. Knoblauch schälen und zum Joghurt pressen. Garam Masala, Zitronenschale und -saft unterrühren.

2
Drumsticks mit der Marinade bestreichen. Zugedeckt im Kühlschrank ca. 3 Stunden marinieren lassen.

3
Die Drumsticks ca. 1 Stunde vor dem Grillen aus dem Kühlschrank nehmen und Zimmertemperatur annehmen lassen.

4
Die Drumsticks auf eine Grillschale oder an den Rand des Grills legen und ca. 20 Minuten grillen. Dabei mit Salz und Pfeffer würzen und immer wieder wenden.

5
Salat eventuell putzen und waschen. Essig, 2 EL heißes Wasser und Olivenöl verrühren und mit dem Salat vermengen. Den Salat und die Drumsticks anrichten.

ALKOHOL
FREI

mit glutenfreier Sojasoße

Gluten frei

RINDERSTEAKS MIT HONIG-ROSMARIN-MARINADE

ZUTATEN FÜR 2 PORTIONEN

1 TL Senf
1 TL flüssiger Honig
1 EL Sojasoße
1 TL getrockneter Rosmarin
2 Rinderhüftsteaks
(à ca. 250 g; zimmerwarm)
2 Fleischtomaten
2 EL Olivenöl
Salz
Schwarzer Pfeffer aus der Mühle

ZUBEREITUNGSZEIT: 15 MINUTEN (OHNE MARINIEREN)

1

Senf, Honig, Sojasoße und getrockneten Rosmarin verrühren. Steaks trocken tupfen und mit der Marinade bestreichen. Zugedeckt im Kühlschrank ca. 1 Stunde marinieren lassen.

2

Tomaten waschen und trocken reiben. Die Steaks und die Tomaten auf eine Grillschale legen und unter gelegentlichem Wenden 5–8 Minuten grillen. Mit Olivenöl beträufeln und mit Salz und Pfeffer würzen.

3

Die Steaks zum Schluss noch mal für ca. 1 Minute direkt auf den heißen Grill legen, dabei einmal wenden. Dazu schmecken Sour Cream und Baguette.

Zum Grillen eignen sich am besten Stücke, die etwas mit Fett durchzogen sind. Magere Stücke, wie beispielweise Filet, werden auf dem Grill schnell trocken. Neben Hüftsteaks sind Rib-Eye-Steaks und Roastbeef besonders gut zum Grillen geeignet.

Nackensteaks in fruchtiger Biermarinade

Zutaten für 2 Portionen

125 ml dunkles Bier
1 EL Aprikosenkonfitüre
1 TL getrockneter Thymian
2 Schweinenackensteaks (à ca. 200 g)
2 Frühlingszwiebeln
400 g Krautsalat (Fertigprodukt)
Salz
Schwarzer Pfeffer aus der Mühle

Zubereitungszeit: 15 Minuten (ohne Marinieren)

1

Bier, Konfitüre und Thymian verrühren und die Steaks damit bestreichen. Steaks ca. 2 Stunden zugedeckt im Kühlschrank marinieren lassen.

2

Frühlingszwiebeln putzen, waschen und längs vierteln. Dann hacken und mit dem Krautsalat vermengen.

3

Steaks aus der Marinade nehmen und trocken tupfen. Die Steaks auf dem heißen Grill ca. 3 Minuten von beiden Seiten grillen. Danach die Steaks an den Rand des Grills legen und dort weitere ca. 3 Minuten grillen. Dabei mit Salz und Pfeffer würzen. Steaks und Krautsalat anrichten. Dazu schmeckt Baguette.

Veggi

BURGER MIT GRILLGEMÜSE

ZUTATEN FÜR 2 PORTIONEN

1 kleine Zucchini
1 kleine Aubergine
6 EL Olivenöl
1 Knoblauchzehe
1 TL Essig
3 EL frisch geriebener Parmesankäse
2 Burgerbrötchen (Fertigprodukt)
1 große Tomate
Salz
Pfeffer

ZUBEREITUNGSZEIT: 25 MINUTEN

1
Zucchini und Aubergine putzen und waschen, Zucchini längs in ca. 3 mm dicke Streifen schneiden. Aubergine quer in ca. 5 mm dicke Scheiben schneiden.

2
In eine große Schüssel 4 EL Öl geben. Knoblauch schälen, dazupressen und verrühren. Gemüse sorgfältig im Knoblauchöl wenden.

3
Das Gemüse auf einer Grillschale verteilen und am Rand des heißen Grills unter Wenden 10–15 Minuten grillen. Zum Schluss mit Essig beträufeln und mit Parmesankäse bestreuen.

4
Burgerbrötchen aufschneiden und die Schnittflächen kurz auf dem Grill rösten. Tomate waschen, Stielansatz entfernen und in dünne Scheiben schneiden.

5
Die Schnittflächen der Brötchen mit 2 EL Öl beträufeln und mit dem Grillgemüse und den Tomatenscheiben belegen. Dabei mit Salz und Pfeffer würzen.

Gluten frei

SURF-AND-TURF-SPIESSE MIT LIMETTENSALZ

ZUTATEN FÜR 2 PORTIONEN

8 Riesengarnelen
(küchenfertig; ohne Kopf und Schale)
250 g Rinderfiletspitzen
2 EL Olivenöl
1 TL grobes Meersalz
Abgeriebene Schale und
1 TL Saft von 1 Bio-Limette
Schaschlikspieße

ZUBEREITUNGSZEIT: 20 MINUTEN

1

Garnelen waschen und gut trocken tupfen. Fleisch eventuell etwas kleiner schneiden. Garnelen und Filet abwechselnd auf die Spieße stecken und mit Öl bestreichen.

2

Meersalz und abgeriebene Limettenschale vermengen. Die Spieße auf eine Grillschale legen und auf dem heißen Grill 2–3 Minuten grillen.

3

Die fertigen Spieße mit Limettensalz bestreuen. Dazu schmeckt grüner Salat.

Die Kombination aus Meeresfrüchten und Fleisch stammt aus Nordamerika. Meist werden Hummerschwänze oder Garnelen und Rinderfiletsteaks kombiniert.

Gluten frei mit glutenfreier Sojasoße

LACKIERTE ENTENBRUST ZU GEGRILLTEM PAK CHOI

ZUTATEN FÜR 2 PORTIONEN

2 kleine Entenbrüste (à ca. 200 g)
1 walnussgroßes Stück Ingwer
1 EL Sojasoße
1 TL flüssiger Honig
1 Knoblauchzehe
2 Stauden Pak Choi
Salz
Schwarzer Pfeffer aus der Mühle
1 EL Sonnenblumenöl

ZUBEREITUNGSZEIT: 35 MINUTEN

1
Entenbrüste waschen, trocken tupfen und mit einem scharfen Messer die Haut rautenförmig einschneiden.

2
Ingwer schälen und fein reiben. Sojasoße, Ingwer und Honig verrühren. Knoblauch schälen und dazupressen.

3
Pak Choi putzen, waschen und längs halbieren.

4
Die Entenbrüste mit Salz und Pfeffer würzen und mit der Hautseite zuerst auf den heißen Grill legen und 1 Minute grillen. Entenbrust wenden und kurz auf der Fleischseite grillen. Dann die Brüste auf eine Grillschale legen und am Rand des Grills weitere 8–10 Minuten unter gelegentlichem Wenden grillen.
In den letzten Minuten mit der Marinade bestreichen.

5
Pak Choi mit Öl beträufeln, mit auf die Grillschale legen und kurz mitgrillen. Mit Salz würzen.

Gluten frei

THUNFISCHSTEAK ZU PETERSILIEN-ZITRONEN-BUTTER

ZUTATEN FÜR 2 PORTIONEN

100 g weiche Butter
½ TL Salz
1 Msp. Cayennepfeffer
Abgeriebene Schale und Saft
einer ½ Bio-Zitrone
2 Stiele glatte Petersilie
2 Thunfischsteaks (à ca. 200 g)

ZUBEREITUNGSZEIT: 15 MINUTEN

1
Butter mit den Schneebesen des Handrührgerätes cremig rühren. Dabei mit Salz und Cayennepfeffer würzen.

2
Zitronenschale und einige Tropfen Zitronensaft unterrühren.

3
Petersilie waschen und gut trocken tupfen. Blättchen abzupfen und fein hacken. Die Petersilie unter die Buttermischung rühren. Die Butter in ein kleines Gefäß streichen, in den Kühlschrank stellen und ca. 1 Stunde fest werden lassen.

4
Thunfisch waschen und gut trocken tupfen. Den Thunfisch in eine geölte Grillschale legen und von jeder Seite 2–3 Minuten grillen. Mit Salz würzen und mit dem übrigen Zitronensaft und der Petersilien-Zitronen-Butter anrichten.

Glutenfrei

HALLOUMI-PAPRIKA-SPIESSE MIT DATTELN UND BACON

ZUTATEN FÜR 2 PORTIONEN

1 rote Paprikaschote
250 g Halloumikäse
8 Scheiben Bacon
8 Softdatteln
Olivenöl
Zitronensaft (Fertigprodukt; Flasche)
4 Schaschlickspieße

ZUBEREITUNGSZEIT: 20 MINUTEN

1

Paprika putzen, waschen und das Kerngehäuse entfernen. Das Fruchtfleisch in Stücke schneiden. Käse in acht Stücke schneiden.

2

Die Zutaten abwechseln auf die Spieße stecken. Die Spieße auf eine Grillschale geben und auf dem heißen Grill unter Wenden ca. 10 Minuten grillen. Zum Schluss ca. 1 Minute direkt auf den Grill legen.

3

Zum Servieren mit Olivenöl und Zitronensaft beträufeln.

Halloumi besteht ursprünglich aus Schaf-, Ziegen- und Kuhmilch und hat einen ähnlichen Geschmack wie Feta. Durch seine besondere Herstellung schmilzt er beim Braten und Grillen jedoch nicht und wird deshalb häufig als Grillkäse bezeichnet.

Veggi

Gefülltes Gemüse aus der Grillschale

Zutaten für 2 Portionen

1 mittelgroße Zucchini
1 rote Paprikaschote
3 EL Instant-Couscous
Salz
Pfeffer
100 g Fetakäse
1 TL getrockneter Oregano
1 Msp. gemahlener Kreuzkümmel
2 EL Olivenöl
1 Knoblauchzehe
Einige Tropfen Zitronensaft (Fertigprodukt; Flasche)

Zubereitungszeit: 40 Minuten

1

Zucchini putzen, waschen und längs halbieren. Mit einem Teelöffel das Fruchtfleisch herauskratzen. Dabei einen stabilen Rand stehen lassen. Das Fruchtfleisch fein hacken.

2

Paprika längs halbieren und das Kerngehäuse entfernen. Die Paprika waschen und trocken tupfen.

3

Couscous in eine kleine Schüssel geben und mit 1 Prise Salz würzen. Mit kochendem Wasser übergießen, sodass der Couscous knapp bedeckt ist. Kurz quellen lassen.

4

Fetakäse fein zerbröckeln und mit Oregano, Kreuzkümmel, Zucchinifruchtfleisch und Öl vermengen. Knoblauch schälen und dazupressen.

5

Mit einer Gabel den Couscous auflockern und mit der Fetamischung verkneten. Füllung mit Salz und Pfeffer würzen und im Gemüse verteilen.

6

Das Gemüse auf eine geölte Grillschale setzen und auf dem Rand des heißen Grills 10–15 Minuten grillen.

Vegan Gluten frei

MELONEN-SELLERIE-SALSA MIT MINZE

ZUTATEN FÜR 2 PORTIONEN

½ Honigmelone
(z. B. Sorte Charentais)
2 Stangen Staudensellerie
3 Stiele Minze
1 EL Zitronensaft
(Fertigprodukt; Flasche)
Salz
Pfeffer
2 EL Olivenöl

Eine Staude Sellerie verbraucht man meist nicht auf einmal. Zur leckeren Resteverwertung die übrigen Stangen waschen, in Stücke schneiden und in wenig Salzwasser bissfest garen. Dann mit 1 TL Bio-Zitronenabrieb und einigen halbierten Kirschtomaten in Butter schwenken und mit Feta bestreuen. Lecker zu gebratenem oder gegrilltem Fisch und Reis.

ZUBEREITUNGSZEIT: 10 MINUTEN

1
Melone vierteln und die Kerne herauskratzen. Die Melone schälen und in feine Würfel schneiden. Sellerie putzen, waschen und in feine Würfel schneiden.

2
Minze waschen und trocken tupfen. Blättchen abzupfen und fein hacken. Alle Zutaten vermengen und kurz ziehen lassen. Schmeckt besonders gut zu gegrilltem Fisch, Hähnchen und Lamm.

Schnelle Sweets für nachmittags

Hier kommen selbstgemachte Naschereien, die blitzschnell auf dem Kaffeetisch stehen und auch die größte Naschkatze glücklich machen.

mit veganer Margarine, Frischkäse und Keksen

Veggi Vegan Gluten frei mit glutenfreien Keksen

Strawberry Cheesecake

Zutaten für 2 Portionen

50 g Haferkekse mit Schokolade
1 EL weiche Butter
1 Msp. gemahlener Zimt
1 Prise Salz
125 g Joghurt-Frischkäse
1 EL Zucker
200 g Erdbeeren

Zubereitungszeit: 15 Minuten

1
Kekse fein zerbröseln und mit Butter, Zimt und Salz verkneten. Die Bröselmasse in zwei Gläser geben und als Boden festdrücken. Für ca. 1 Stunde in den Kühlschrank stellen.

2
Frischkäse und Zucker glatt verrühren und auf dem Boden verteilen.

3
Erdbeeren putzen, waschen und trocken tupfen. In kleine Stücke schneiden und auf den Frischkäse geben. Ca. 1 Stunde kaltstellen.

Wer seine Campingnachbarn zum Kaffee einladen möchte und somit mehr Gäste am Kaffeetisch hat: Einfach die Zutaten mal drei nehmen und eine kleine Springform für die Zubereitung verwenden.

Veggi Vegan mit veganer Sahne

BANOFFEE PIE MIT SALZKARAMELL

ZUTATEN FÜR 2-3 TÖRTCHEN

6–7 weiche Kuhbonbons
200 ml Schlagsahne
1 Prise Salz (z. B. Meersalz)
1 kleine reife Banane
1 TL Zitronensaft
(Fertigprodukt; Flasche)
2–3 Mürbeteig-Tartelettes
(Fertigprodukt vom Bäcker)

ZUBEREITUNGSZEIT: 25 MINUTEN

1
Kuhbonbons zerbröckeln und mit 100 ml Sahne und Salz in einen kleinen Topf geben.

2
Unter Rühren erhitzen, bis sich die Bonbons aufgelöst haben. Soße vom Herd nehmen und auskühlen lassen. Dabei immer wieder umrühren.

3
Banane schälen, in dünne Scheiben schneiden und mit dem Zitronensaft vorsichtig vermengen. Die übrige Sahne steif schlagen.

4
Tarteletts mit den Bananenscheiben belegen und mit Sahne und Karamellsoße anrichten.

Veggi Vegan mit vegane Schlagsahne und Schokolade

HIMBEER-PAVLOVA MIT POPCORN

ZUTATEN FÜR 2 TÖRTCHEN

35 g Zartbitter-Schokolade
(ca. 60 % Kakaoanteil)
30 g Popcorn (Fertigprodukt)
100 g Schlagsahne
1 TL Zucker
12 Himbeeren

ZUBEREITUNGSZEIT: 20 MINUTEN (OHNE KÜHLZEIT)

1
Schokolade in Stücke brechen und in einen kleinen Topf geben. Bei schwacher Hitze unter Rühren schmelzen lassen.

2
Bis auf 1 EL das Popcorn zur flüssigen Schokolade geben und sorgfältig darin wenden. Ein Stück Backpapier auf ein kleines Brettchen legen und das Schokopopcorn darauf zu zwei gleich großen Böden formen und kaltstellen.

3
Sahne und Zucker steif schlagen. Böden vom Backpapier lösen und auf Kuchenteller setzen. Sahne auf den Böden verteilen und mit Himbeeren belegen. Mit übrigem Popcorn bestreuen.

mit Hafer- oder Pflanzenmilch

Veggi Vegan

GRIESSPUDDING MIT MANGO-ORANGEN-SOSSE

ZUTATEN FÜR 2 PORTIONEN

350 ml Milch
5 EL Grieß
1 EL Zucker
1 TL Albaöl (oder Sonnenblumenöl)
1 reife Mango
Saft von 1 Orange

ZUBEREITUNGSZEIT: 25 MINUTEN

1

Milch in einem kleinen Topf aufkochen. Grieß und Zucker einrühren und erneut aufkochen. Grießbrei vom Herd nehmen, Öl unterrühren und ca. 5 Minuten quellen lassen. Dabei gelegentlich umrühren.

2

Mango schälen und das Fruchtfleisch vom Stein schneiden. Mangofruchtfleisch und Orangensaft pürieren.

3

Grießbrei und Fruchtsoße anrichten. Schmeckt sowohl warm als auch kalt.

Die Mango-Orangen-Soße schmeckt auch köstlich zu Vanilleeis oder Milchreis. Beim Einkaufen kann man sich zwischen Hart- und Weichweizengrieß entscheiden. Weichweizen wird für die Zubereitung von Grießbrei verwendet – der Brei bekommt so eine besonders cremige Konsistenz. Hartweizen wird zum Beispiel für Nudeln oder Grießklößchen verwendet.

Veggi

BEEREN-FRISCHKÄSE-KUCHEN AUS DER PFANNE

ZUTATEN FÜR 4–6 STÜCKE

1 reife Avocado (z. B. Sorte »Hass«)
1 Ei
3 EL Zucker
4 EL Albaöl (oder Sonnenblumenöl)
4 EL Mehl
1 Msp. Backpulver
200 g Joghurt-Frischkäse
½ TL abgeriebene Bio-Zitronenschale
350 g frisches Obst (z. B. Erdbeeren, Himbeeren, Blaubeeren, Melone)

ZUBEREITUNGSZEIT: 45 MINUTEN

1
Avocado längs halbieren und den Stein entfernen. Fruchtfleisch mit einer Gabel fein zermusen.

2
Avocadomus, Ei, 2 EL Zucker und 3 EL Öl zu einem glatten Teig verrühren. Mehl und Backpulver mischen und nach und nach unterheben.

3
In einer kleinen Pfanne 1 EL Öl erhitzen und den Teig hineingeben. Mit Deckel bei sehr schwacher Hitze 30–35 Minuten backen. Nach ca. 20 Minuten wenden und weitere 10–15 Minuten zu Ende backen. Aus der Pfanne nehmen und auskühlen lassen.

4
Frischkäse mit 1 EL Zucker und Zitronenschale glatt verrühren. Obst putzen, eventuell waschen und klein schneiden.

5
Frischkäse auf dem Boden verstreichen und mit dem Obst belegen.

Zero Waste

»Zero Waste« heißt übersetzt »Null Abfall« und bedeutet, dass man versucht, möglichst wenig Lebensmittel schlecht werden zu lassen bzw. wegzuwerfen. Bei den Rezepten in diesem Buch ist darauf geachtet worden, dass möglichst wenig Reste übrig bleiben. Trotzdem lässt es sich bei Zubereitungen für zwei Personen nicht immer ganz vermeiden. Deshalb kommen auf dieser Seite Vorschläge zum Verbrauch der verbliebenen Lebensmittel:

Beim Frühstück bleibt bei den Pan Buns etwas Quark übrig, den man mit einer reifen Banane zu einem leckeren und sättigenden Bananenquark verarbeiten kann. Statt Butter schmeckt Quark auch sehr gut unter Marmelade oder Honig. Der griechische Joghurt, der bei den Puffern übrig bleibt, schmeckt köstlich mit 1 EL Honig und einer Handvoll gerösteter Mandeln oder Kerne. Farmersalat schmeckt statt Butter oder Margarine lecker auf Brot unter Käse und Schinken. Mit zwei gekochten und gehackten Eiern wird er zu einem perfekten Eiersalat zum Abendbrot. Fetakäse hält sich angebrochen im Kühlschrank nur wenige Tage. Deshalb am besten mit Olivenöl übergießen und im Kühlschrank max. drei Tage aufbewahren. Den Feta dann mit frisch gehackten Kräuterresten (z. B. Koriander und Petersilie), Tomaten, Oliven und frischem Baguette reichen. Babyspinat hat sehr zarte Blätter und kann auch roh auf einem Sandwich punkten. Die würzigen Blättchen schmecken aber auch prima in einem Omelett. Dazu den gewaschenen, tropfnassen Spinat in etwas Olivenöl und gehacktem Knoblauch andünsten. Salzen und dann mit verquirltem Ei übergießen und bei schwacher Hitze stocken lassen. Wer mag, kann hier zerbröckelten Feta oder geriebenen Parmesan darübergeben. Bei den Snacks bleiben an frischen Zutaten Frühlingszwiebeln übrig. Sie halten sich einige Tage im Kühlschrank frisch und schmecken gehackt auf herzhaften Broten oder zum Frühstücksei. Bei den Hauptgerichten und Grillrezepten wird oftmals nicht die gesamte frische Minze aufgebraucht. Sie schmeckt gehackt und mit Joghurt und etwas Salz und Pfeffer verrührt köstlich zu gegrilltem Fleisch und Fisch oder Couscoussalat. Die hellen Burgerbrötchen schmecken zum Frühstück mit Konfitüre oder lassen sich gut zu Butter-Croutons für einen Salat verarbeiten. Dazu die Brötchen quer halbieren, in Würfel schneiden und bei mittlerer Hitze goldbraun braten. Die übrige Hälfte der Honigmelone entkernen und in Spalten schneiden. Die Spalten von der Schale schneiden und mit Parmaschinken umwickeln – fertig ist der Luxus-Snack!

ENTSPANNTES KOCHEN IM CAMPER – DIE 10 BESTEN TIPPS

1
Klapperndes Geschirr nervt beim Fahren und kann zerbrechen – deshalb möglichst auf Glas und Keramik verzichten. Weniger »laut« und umweltfreundlich noch dazu sind Geschirr und Vorratsdosen aus Melamin, Emaille, Bambus oder Mais.

2
Korkuntersetzer schützen Flächen vor heißen Töpfen und Pfannen und lassen sich prima als »Klapperschutz« einsetzen.

3
Platz sparen ist in der Campingküche wichtig – deshalb am besten Topfsets wählen, bei denen man die einzelnen Töpfe platzsparend ineinanderstapeln kann. Leichtes Aluminium ist dabei das Material der Wahl.

4
Faltbare Siebe, Schüsseln und Brettchen sind für die Campingküche ideale Reisebegleiter.

5
Bei häufigen Reisen bzw. Ausflügen ist eine vorgepackte Küchenbox mit haltbaren und unverderblichen Artikeln, die immer im Camper verbleibt, praktisch. Dazu eignen sich Werkzeugboxen aus dem Baumarkt – am besten mit durchsichtigem Deckel.

6
Bei sehr kleinen Küchen mit wenig Stauraum kann auch der Nudeltopf zur Salatschüssel werden und die Kaffeebecher zu Suppen- oder Müslischalen.

7
Reichlich Klammern zum Verschließen von angebrochenen Tüten bereithalten.

8
Leer gegessene Konfitüren-, Oliven- oder Soßengläser können sauber gespült und mit einem Teelicht bestückt zum stimmungsvollen Windlicht werden.

9
Antirutschmatten für Schubladen und Schränke sind eine gute Investition – da nichts rutschen und somit auch wenig klappern oder sogar kaputtgehen kann.

10
Damit man auch mal einige Tage nicht einkaufen muss, kann man z. B. Bananen und Ananas noch leicht grün und Tomaten und Mango schön fest einkaufen. Bis sie reif sind, brauchen sie ein paar Tage, und so lange hat man seine Ruhe.

Meine Rezeptideen für unterwegs

Auf so manchen Reisen findet sich das ein oder andere Rezept, das gleich hier aufgeschrieben werden kann.

N° 1

Zutaten:

Rezept:

№ 2

ZUTATEN:

REZEPT:

N° 3

Zutaten:

Rezept:

N° 4

ZUTATEN:

REZEPT:

№ 5

Zutaten:

Rezept:

N° 6

Zutaten:

Rezept:

№ 7

ZUTATEN:

REZEPT:

No 8

Zutaten:

Rezept:

N° 9

ZUTATEN:

REZEPT:

N° 10

Zutaten:

Rezept:

Register

HIER BLEIBE ICH

Umfassender Campingführer mit 1.400 großartigen Stellplätzen in ganz Deutschland - nach Themen gruppiert, üppig bebildert und mit Informationen wie Öffnungszeiten Preise, Adressen, Entsorgungsmöglichkeiten, etc. Ein Ortsregister erleichtert die Suche.

• für Wintersportler und Wassersportler • für Fußballfans • für Radfahrer • an Outlet-Centern • für Fußballfans • bei Volksfesten • an Burgen und Schlössern • für Museums-Liebhaber • für Weinkenner und Bier-Freunde • an Restaurants • für Autofans • für Tierfreunde • uvm.

Jens Lehmann
Die besten Wohnmobilstellplätze
Mehr als 1400 Stellplätze in ganz Deutschland
ISBN 978-3-667-12097-7

Mein Haus, mein Auto, mein Boot – wer hat, der kann, und wer nichts hat, zieht in den Caravan? 2018 gab Marion Hahnfeldt ihr bürgerliches Leben auf und zog auf einen Campingplatz – getrieben von der Frage: Was braucht man wirklich zum Leben? Geplant für einen Winter – am Ende aber sind daraus mehr als anderthalb Jahre geworden. Ihr Bericht bietet darüber hinaus Porträts von anderen Minimalisten; im Wohnwagen, im Tinyhaus, im Mobilheim ... sowie Tipps für alle, die ebenfalls von einem reduzierten Leben träumen.

Marion Hahnfeldt
Sieben Quadratmeter Glück
Mein Jahr im Camper
ISBN 978-3-667-12089-2

Danke!
Wir bedanken uns herzlich bei der Zeitschrift *AutoBild Reisemobil* für die freundliche Bereitstellung des Pössl Reisemobils. Jenny Zeume (Journalistin) und Johanna Schwarz (Volontärin) haben uns tatkräftig bei der Fotoproduktion unterstützt und waren unsere überaus talentierten Models. Unser Stellplatz auf dem Campingplatz Elbepark-Bunthaus hat für die wunderbar idyllische Umrahmung gesorgt. Auch lieben Dank an Hundedame Peanuts, die sich neugierig und bereitwillig für uns in Pose gelegt und für viele Lacher im Team gesorgt hat.

Bibliografische Information der Deutschen Nationalbibliothek
Die Deutsche Nationalbibliothek verzeichnet diese Publikation in der Deutschen Nationalbibliografie; detaillierte bibliografische Daten sind im Internet über http://dnb.dnb.de abrufbar.

1. Auflage
ISBN 978-3-667-12378-7

Lektorat: Johanna Schwarz
Rezepte, Texte und Foodstyling: Ira König
Coverfoto und Backcoverfoto: Maike Jessen
Fotos: Maike Jessen, außer: S. 4/5: Adobe Stock/chris52; S. 14: Getty Images/Cavan Images;
S. 16: Adobe Stock/Maridav; S. 60/61: Adobe Stock/Lightfield Studios; S. 68/69: Mauritius Images/Bruno Kickner;
S. 77: Adobe Stock/Photoschmidt; S. 94/95: Adobe Stock/Halfpoint; S. 104/105: Adobe Stock/DC Studio;
S. 116/117: Mauritius Images/Image Source/Romona Robbins Photography; S. 122/123: Adobe Stock/Alessandro;
S. 125: Adobe Stock/Voyagerix; S. 127: Adobe Stock/Photoschmidt; S. 128: Adobe Stock/Cavan
Umschlaggestaltung und Layout: Felix Kempf, *www.fx68.de*
Gesamtherstellung: Couleurs Print & More, Köln
Printed in Slovakia 2022

Delius Klasing Verlag
Siekerwall 21, D-33602 Bielefeld
Tel.: 0521/559-0, Fax: 0521/559-115
E-Mail: info@delius-klasing.de
www.delius-klasing.de